pagina firma e dedica dell'autore

pagina per appunti e commenti

Indice

Dedicato a te...

Ogni giorno sento una forza irrefrenabile di raccontare e di raccontarmi... Una filosofia di vita, uno stile che appaga, un caffè del mattino ed una carezza prima di coricarsi.

Questa non è magia, questa è la fotografia.

CAPITOLO 1

Chi sono

Ciao, mi chiamo Fabrizio ed una mattina mi sono svegliato con una voglia strana. Decisi di scrivere un libro per capire e per insegnare. Il mio libro "Fotografami l'anima: Piccolo manuale per fotografi senz'anima".

Questa idea si propone di esplorare in profondità il mondo affascinante della semiotica applicata alla fotografia. In queste pagine, esamineremo come le immagini possono trasmettere significati complessi attraverso una serie di segni, simboli e linguaggi visivi.

Ah! Premetto, con il sottotitolo non voglio offendere nessuno, anzi!

L'intento è quello di stimolare, attraverso la prima immagine di copertina, la fantasia dello "spettatore" attraverso il primo significato di attrattiva comunicativa.

Se hai comprato questo libro forse ti sei sentito incuriosito proprio dal sottotitolo : "Piccolo manuale per fotografi senz'anima".

Non ti preoccupare un'anima ce l'hai, la dobbiamo solo tirare fuori da quello stato di torpore in cui si trova.

Nelle prossime pagine ci proverò io ma stai attento il lavoro grosso lo dovrai fare tu !.

Sono un insegnante di fotografia. Voglio portarvi in un viaggio attraverso la profondità della fotografia, esplorando il suo lato più simbolico. "Fotografami l'Anima" è frutto del mio amore per l'osservazione e la ricerca del significato dietro ogni scatto.

Prima di essere un fotografo, sono un appassionato osservatore. Ogni scena, ogni dettaglio mi parla in un linguaggio segreto che ho imparato ad apprezzare nel corso degli anni. Questa passione mi ha spinto a esplorare la semiotica della fotografia, la scienza dei segni e dei simboli nelle immagini.

La fotografia non è solo una registrazione di eventi visivi, ma un linguaggio filosofico che cattura l'anima del soggetto. Ogni immagine è un insieme di segni che racconta una storia, che trasmette emozioni e riflette la nostra complessa esistenza. Attraverso il mio libro, vi invito a esplorare la profondità di questa forma d'arte e a scoprire il significato nascosto dietro ogni inquadratura.

Nel corso della mia carriera, ho notato come la tecnica fotografica stessa sia intrinsecamente legata alla semiotica. L'uso di luci e ombre, l'inquadratura, la scelta del soggetto sono tutti elementi che aggiungono strati di significato a un'immagine. Nel libro, analizzo come la tecnica può essere vista come una forma di linguaggio, un modo per comunicare emozioni e pensieri attraverso un'immagine.

"Fotografami l'Anima" non è solo un libro di insegnamenti tecnici, ma un invito alla riflessione sulla nostra percezione del mondo attraverso l'obiettivo della fotocamera.

Vi incoraggio a guardare oltre, a scoprire il significato profondo dietro ogni scatto e a connettervi con l'anima della fotografia.

Grazie per unirvi a me in questo viaggio affascinante e simbolico.

CAPITOLO 2

Cos'è la semiotica della fotografia

Introduzione alla Semiotica della Fotografia

La semiotica della fotografia è un campo affascinante che ci consente di analizzare e comprendere come le immagini trasmettano significati complessi attraverso l'uso di segni visivi e linguaggi simbolici. In questo capitolo introduttivo, gettiamo le basi per la nostra esplorazione della semiotica fotografica.

Cosa è la Semiotica?

La semiotica, dalla radice greca "sēmeion" che significa "segno," è un campo di studio affascinante e profondo che si estende ben oltre la mera analisi dei simboli. Questa disciplina, intrecciata con la filosofia, è una finestra attraverso la quale esploriamo il tessuto intricato dei segni e dei loro significati nel contesto della comunicazione umana. Intrinsecamente collegata alle riflessioni filosofiche sull'essenza del linguaggio, la semiotica si pone l'arduo compito di decostruire la complessità dei segni, considerandoli non solo come entità visive o linguistiche ma come veicoli di significato intrinseco. Attraverso un'analisi profonda, essa invita a considerare il significato che sorge dalla relazione tra il segno e ciò che rappresenta, sfidando le frontiere tra il visibile e l'invisibile, l'esplicito e l'implicito. Il filosofo

Charles Sanders Peirce, considerato uno dei padri fondatori della semiotica,

ha delineato la disciplina come una triade di segni suddivisi in icone, indici e simboli. Gli "indici" indicano una relazione diretta con l'oggetto, gli "iconi" presentano somiglianze formali, mentre i "simboli" dipendono da convenzioni culturali per il loro significato. Questa triade offre una struttura concettuale per esplorare come i segni interagiscano con il nostro mondo interiore ed esteriore. Inoltre, Ferdinand de Saussure ha sottolineato il ruolo fondamentale della lingua nella creazione di significato, introducendo il concetto di "linguaggio come sistema di segni." Questa prospettiva invita a considerare ogni parola come un segno, connesso ad altri segni attraverso una rete complessa di relazioni semantiche. In un mondo in cui la comunicazione è sempre più visiva e la percezione assume molteplici forme, la semiotica si adatta, estendendo la sua analisi non solo al linguaggio verbale ma anche a quello visivo. Nella fotografia, ogni elemento diventa un segno pregnante di significato, e la semiotica ci guida nella comprensione di come questi segni dialoghino per creare un tessuto ricco di interpretazioni. Filosofi come Michel Foucault hanno arricchito ulteriormente il discorso, esplorando il concetto di "regimi di visibilità" e come il potere si esprima attraverso la definizione di ciò che è visibile e ciò che è invisibile nella società. La semiotica si erge come un faro nella comprensione della complessità dei segni, non solo come elementi visuali o linguistici, ma come portatori di significato profondo. Questo viaggio tra filosofia e semiotica ci insegna che la comunicazione umana è intrinsecamente legata ai segni e ai loro significati, aprendo un vasto territorio di riflessione sulla natura stessa della comprensione e dell'interpretazione.

Il Significante e il Significato

Nel vasto universo della semiotica, la dinamica tra il significante e il significato è fondamentale per comprendere come i segni comunicano e trasmettono messaggi. Nella fotografia, in particolare, questa relazione si manifesta in modo tangibile, poiché ogni immagine rappresenta una danza intricata tra la sua forma fisica e il mondo di significati che essa evoca. Il significante, nella semiotica della fotografia, è la forma fisica del segno, l'elemento tangibile che possiamo percepire con i sensi. Può assumere molteplici forme: una parola scritta, una composizione visiva, un colore vibrante o addirittura un suono accoppiato a un'immagine. Questo aspetto tangibile è la porta di ingresso alla comprensione del messaggio, la superficie che cattura l'attenzione dell'osservatore. Prendiamo come esempio una fotografia in bianco e nero di un vecchio albero contorto in un campo aperto. Il significante in questo caso è la stessa immagine, la disposizione delle foglie, l'ombra proiettata sulla terra. Questo è ciò che possiamo percepire fisicamente attraverso la visione della fotografia. Tuttavia, la vera magia della semiotica si svela quando ci spostiamo oltre la superficie e ci immergiamo nel significato. Il significato, nell'ambito fotografico, è l'idea o il concetto che il segno rappresenta. In questa immagine dell'albero contorto, il significato potrebbe essere l'anzianità, la resistenza alla prova del tempo o persino una meditazione sulla ciclicità della vita. La chiave per interpretare il significato risiede nella capacità di connettere la forma fisica (il significante) con l'essenza concettuale (il significato). Così, ogni dettaglio visibile nell'immagine diventa un segno, un intermediario tra il mondo visibile e il mondo concettuale. Il colore delle foglie, la rugosità del tronco, ogni elemento contribuisce alla creazione di significato. La semiotica ci insegna a leggere al di là della superficie, a scrutare oltre l'apparenza e a comprendere che ogni segno visivo è un ponte per esplorare significati più profondi. Il rapporto tra significante e significato nella semiotica della fotografia è un viaggio nell'anima dell'immagine. Ogni foto è un racconto complesso, un dialogo sotteso tra la sua forma tangibile e l'essenza immateriale che cela. Attraverso questa comprensione, ci avviciniamo non solo alla visione dell'artista ma anche alla nostra personale interpretazione, rivelando così la ricchezza della comunicazione visiva.

L'Applicazione della Semiotica alla Fotografia

La fotografia, in quanto medium visivo, si presenta come un terreno fertile per l'applicazione della semiotica. All'interno di ogni immagine fotografica, si dispiega un intricato linguaggio di segni e simboli, da esaminare con occhio attento e sensibilità interpretativa. Ogni dettaglio, dalla disposizione degli elementi alla scelta cromatica, dalla prospettiva alla gestione della luce, costituisce un segno pregnante che comunica un significato peculiare. Attraverso l'occhio del semiotico, la fotografia diventa una tela ricca di messaggi visivi, una sintesi di linguaggio che trascende la mera rappresentazione della realtà. La semiotica si presenta come una chiave per decifrare questi segni, per svelare i significati nascosti che si celano dietro ogni inquadratura. Nella disposizione di un ritratto, ad esempio, la scelta del soggetto, dell'angolazione e dell'espressione facciale diventano segni che contribuiscono a costruire una narrazione visiva. Il colore, con la sua gamma infinita di sfumature, si manifesta come uno dei segni più potenti nella fotografia. Ogni tonalità, dalla vivacità al bianco e nero, contribuisce a plasmare l'umore e a evocare emozioni specifiche. La semiotica ci invita a interrogarci sulla scelta cromatica dell'artista, sul suo impatto emotivo e sulla connessione intrinseca tra colore e significato. La prospettiva, la disposizione degli elementi all'interno dell'inquadratura, agisce come un segno che orienta lo sguardo dell'osservatore. Attraverso la semiotica, impariamo a leggere la disposizione degli oggetti come una narrazione visiva, a comprendere come la composizione influenzi la percezione e a decifrare i messaggi impliciti in ogni angolazione scelta dal fotografo. La gestione della luce, fondamentale nella creazione di ogni immagine, diviene un segno che plasma l'atmosfera e conferisce profondità. Dalle ombre suggestive ai riflessi luminosi, ogni gioco di luce costituisce un elemento visivo carico di significato, sottolineando la potenza della semiotica nel rivelare i dettagli che spesso sfuggono a uno sguardo superficiale. In definitiva, l'applicazione della semiotica alla fotografia è un invito a esplorare al di là della superficie visibile. Ogni scatto fotografico è un linguaggio complesso che si articola attraverso segni e simboli, e la semiotica ci offre gli strumenti per comprenderne la grammatica nascosta. Nel nostro viaggio attraverso le immagini, impariamo a leggere il mondo visivo con occhi critici, scoprendo che dietro ogni fotografia si cela un universo di significati pronti a essere rivelati.

L'Interpretazione delle Immagini

L'interpretazione delle immagini all'interno della semiotica fotografica rappresenta un'esperienza intrisa di soggettività e diversità. Ogni individuo, con il proprio bagaglio di esperienze, cultura e prospettive, si avvicina a un'immagine con un occhio unico, plasmando la sua interpretazione personale. Questo aspetto fondamentale sottolinea l'interconnessione tra osservatore e opera, evidenziando come il significato di una fotografia sia costruito attraverso il filtro delle nostre individuali lenti interpretative. Immaginiamo una fotografia che cattura una scena quotidiana in una città: persone che camminano per strada, edifici che si ergono verso il cielo, ombre proiettate dalla luce del sole. Un osservatore potrebbe interpretare questa immagine come un'ode alla vita urbana, una celebrazione della diversità e dell'energia delle metropoli. Tuttavia, un altro individuo, con esperienze diverse, potrebbe vedere in questa stessa immagine una riflessione sulla frenesia della vita moderna, con un sottotesto di solitudine e isolamento. La semiotica ci insegna che ogni elemento in un'immagine è un segno suscettibile di molteplici interpretazioni. La posizione di una persona, l'uso del colore, la prospettiva o la presenza di oggetti specifici possono evocare significati differenti in ogni osservatore. Ad esempio, una fotografia di una rosa rossa potrebbe essere interpretata come un simbolo di amore per alcuni, mentre per altri potrebbe suggerire una connessione con la fragilità e la transitorietà della vita. La cultura gioca un ruolo fondamentale in questo processo interpretativo. Immagini che possono essere considerate universali in un contesto culturale potrebbero assumere significati completamente diversi in un altro. Ad esempio, una fotografia ritraente una famiglia riunita attorno a un tavolo può evocare sentimenti di calore e affetto in molte culture occidentali, mentre in altre culture potrebbe essere interpretata in modo diverso, influenzata dalle dinamiche familiari specifiche. L'interpretazione delle immagini nella semiotica fotografica è, dunque, una danza complessa tra gli elementi visivi dell'opera e l'interpretazione soggettiva di chi la guarda. È un dialogo tra il linguaggio visivo dell'artista e il contesto culturale e personale dell'osservatore. Questa interazione tra il significante e il significato ci ricorda che la ricchezza della fotografia risiede anche nella molteplicità delle sue interpretazioni.

Struttura del Libro

Questo libro è suddiviso in una serie di piccoli capitoli che approfondiranno vari aspetti della semiotica della fotografia. Nei prossimi capitoli, esamineremo come i segni iconici e indicativi vengano utilizzati nelle fotografie, come il contesto influenzi il significato delle immagini, e come la semiotica si applichi al mondo digitale e all'arte fotografica. Concludendo, la semiotica della fotografia è uno strumento potente per svelare il linguaggio visuale delle immagini. Ciò che inizia come un'apparente rappresentazione oggettiva si trasforma in un mondo di significati nascosti, emozioni evocate e messaggi complessi. Negli approfondimenti dei prossimi capitoli, esploreremo queste sfaccettature in modo più dettagliato e cercheremo di svelare il potenziale della semiotica nella comprensione delle fotografie che ci circondano.

CAPITOLO 3

La comunicazione visuale

Cerchiamo di capire i fondamenti della comunicazione visuale e come vengono applicati nella semiotica della fotografia. La comunicazione visuale si basa su un insieme di elementi fondamentali che contribuiscono a creare significato all'interno delle immagini fotografiche.

I Principali Elementi Visivi

La comunicazione visuale si avvale di una serie di elementi chiave che contribuiscono a creare significato all'interno di un'immagine. Questi elementi includono:

Punto: Il punto è uno degli elementi visivi più semplici ed è spesso utilizzato per attirare l'attenzione. Ad esempio, un punto di luce in una fotografia può focalizzare l'osservatore su un oggetto specifico. Seguendo alcune regole fotografiche, come ad esempio la regola dei terzi*[1] vieni veicolato nell'osservazione di punti di interesse scelti appositamente per attirare l'attenzione dello spettatore verso qualcosa di importante.

Linea: Le linee possono guidare l'occhio attraverso un'immagine e creare senso di movimento. Linee diritte possono suggerire stabilità, mentre linee curve possono evocare dinamismo.

Forma: Le forme sono i contorni degli oggetti all'interno di un'immagine. Possono essere organiche o geometriche e contribuiscono alla percezione dell'oggetto.

Colore: Il colore è uno degli elementi più potenti nella comunicazione visuale. Ogni colore ha significati culturali e emotivi associati, e la scelta di una palette cromatica può influenzare notevolmente il messaggio di una fotografia. Oltre agli aspetti tecnici, la dimensione psicologica del colore gioca un ruolo significativo nella fotografia. I colori hanno un impatto emotivo e psicologico diretto sull'osservatore. Ad esempio, il rosso può evocare passioni intense, mentre il blu comunica spesso tranquillità e serenità. La scelta accurata dei colori può influenzare profondamente l'interpretazione emotiva di un'immagine.L'uso strategico del colore può anche essere uno strumento narrativo. Un cambio repentino nella palette cromatica può sottolineare un momento critico o un cambio di tono nella storia raccontata dalla fotografia. La saturazione o la desaturazione selettiva possono essere utilizzate per focalizzare l'attenzione su particolari elementi dell'immagine.

Posizione: Il colore è uno degli elementi più potenti nella comunicazione visuale. Ogni colore ha significati culturali e emotivi associati,

La Composizione Fotografica

La composizione fotografica, un elemento chiave della semiotica visiva, si manifesta come una forma d'arte nella disposizione accurata degli elementi all'interno di un'immagine. Questa coreografia visiva non solo influenza la percezione dell'osservatore ma costituisce il mezzo attraverso cui il fotografo trasmette la sua visione e il suo messaggio. Il bilanciamento dei pesi visivi si pone al centro di questa pratica. La disposizione degli oggetti e degli elementi all'interno dell'immagine crea un equilibrio visivo che incide sulla percezione di cosa è in primo piano, in secondo piano o al centro dell'attenzione. Immaginate una fotografia di un paesaggio: una montagna imponente a sinistra può essere bilanciata da un lago sereno a destra, creando un equilibrio visivo che armonizza l'intera scena L'uso sapiente di linee guida è un'altra tecnica fondamentale. Strade, recinzioni o il profilo di un edificio possono fungere da percorsi visivi, guidando lo sguardo dell'osservatore attraverso l'immagine. Queste linee non solo contribuiscono a definire la struttura della composizione ma agiscono anche come conduttori, sottolineando elementi specifici e creando una narrazione visiva fluida. La composizione, in ultima analisi, è un linguaggio in sé, una grammatica visiva che comunica emozioni, narrazioni e concetti. Un fotografo abile non si limita a catturare un momento, ma utilizza la composizione come strumento per modellare l'interpretazione dell'osservatore. In questo intricato gioco di spazi, proporzioni e direzioni, la semiotica della fotografia si manifesta, svelando come la disposizione visiva sia fondamentale nella costruzione di significato nell'arte fotografica. La composizione, dunque, non è semplicemente un atto tecnico, ma una forma d'arte che sfida e arricchisce la nostra percezione del mondo visivo.

Il Significato nei Dettagli

Nella semiotica fotografica, emerge con forza l'importanza dei dettagli più piccoli all'interno di un'immagine. Ogni particolare, dai dettagli ornamentali alle sfumature, diventa un segno carico di significato, contribuendo a plasmare in modo unico l'interpretazione dell'osservatore e arricchendo il messaggio complessivo dell'immagine. Le sfumature, con la loro varietà di toni e intensità, sono rilevanti. Un gioco di ombre sottili o di luci accese può creare profondità e contrasto, enfatizzando determinati elementi o suggerendo atmosfere specifiche. Nella semiotica della fotografia, ogni sfumatura può rivelare emozioni sottostanti, offrendo uno sguardo più ricco e sfaccettato sulla realtà rappresentata. I dettagli ornamentali, come piccoli elementi decorativi o caratteristiche peculiari, aggiungono un tocco di individualità e personalità all'immagine. Un esempio potrebbe essere una fotografia di una vecchia macchina arrugginita, dove i dettagli delle crepe nella vernice o dei segni di usura raccontano la storia di decenni di utilizzo e di una vita vissuta. L'importanza dei dettagli nella semiotica della fotografia sta nel loro potere di rendere l'immagine più di una semplice rappresentazione visiva. Ogni dettaglio contribuisce a stratificare il significato, fornendo agli osservatori una finestra più approfondita nella comprensione dell'opera. La bellezza sta spesso nei dettagli, e nella loro analisi attenta troviamo la chiave per svelare strati nascosti di significato, portando l'osservatore a una connessione più intima e personale con l'immagine stessa.

Esercizio Pratico: Analisi di Immagini

Ora avremo l'opportunità di analizzare diverse fotografie, applicando quanto appreso sui principali elementi visivi e sulla composizione. Questo esercizio pratico ci aiuterà a sviluppare le nostre capacità di interpretazione visiva e a comprendere come gli elementi visivi contribuiscano a creare significato all'interno delle immagini. Scegliete 5 immagini vostre o selezionate dal web, in diversi stili compositivi e in diversi stili fotografici e iniziamo un accurato studio minuzioso degli elementi presenti traendone una relazione finale,

se volete scritta, di ciò che vediamo, utilizzando tutti gli elementi guida citati nei capitoli precedenti.

Conclusione

Ogni elemento visivo all'interno di un'immagine contribuisce a creare un tessuto di significato complesso. Nel capitolo successivo, esamineremo più in dettaglio come i segni iconici e indicativi vengano utilizzati nella fotografia per creare significato.

*1La regola dei terzi è un principio compositivo in fotografia che suggerisce di dividere l'immagine in nove sezioni uguali, tracciando due linee orizzontali e due verticali immaginarie. I punti in cui queste linee si intersecano creano quattro punti di forza. Collocare gli elementi chiave dell'immagine su o vicino a queste linee o punti di forza può rendere la composizione più bilanciata e visivamente interessante. La regola dei terzi è utilizzata per evitare di posizionare gli elementi principali nel centro dell'immagine, incoraggiando una composizione più dinamica e armoniosa.

CAPITOLO 4

Iconicità della fotografia

In questo capitolo, esploreremo due concetti fondamentali nella semiotica della fotografia: l'iconicità e l'indicazione. Questi due aspetti sono essenziali per comprendere come le immagini fotografiche catturino il mondo e trasmettano significato.

Iconicità: La rappresentazione diretta

L'iconicità, nella semiotica della fotografia, ci introduce alla potenza della rappresentazione diretta. Questo concetto si riferisce alla capacità intrinseca delle immagini di catturare il mondo reale in modo immediato, senza la necessità di un processo interpretativo complesso. Le fotografie sono, per loro natura, iconiche, in quanto ogni elemento all'interno di un'immagine agisce come un segno diretto di ciò che rappresenta. Prendiamo ad esempio una fotografia di una mela rossa. In questo contesto, l'iconicità è evidente poiché la mela stessa funge da segno diretto e inequivocabile di una mela rossa. L'osservatore può riconoscere istantaneamente l'oggetto senza bisogno di ulteriori interpretazioni. Questa immediatezza nella comprensione è la forza distintiva dell'iconicità fotografica. L'iconicità è come un linguaggio visivo universale, attraverso il quale la fotografia comunica in modo diretto e senza ambiguità. Ogni dettaglio, ogni soggetto ritratto, diventa un'icona che richiama immediatamente il suo corrispondente nella realtà. Questo è particolarmente evidente nelle fotografie documentaristiche, dove l'obiettivo è catturare la realtà in modo crudo e senza filtri interpretativi. Tuttavia, nonostante la chiarezza dell'iconicità, è interessante notare che anche in queste rappresentazioni dirette possono emergere sfumature e interpretazioni sottili. La luce che bagna la mela, la sua disposizione all'interno dello spazio, ogni dettaglio aggiunge un livello di complessità alla sua iconicità, arricchendo l'esperienza visiva. L'"iconicità nelle fotografie è come una finestra aperta sul mondo, offrendo uno sguardo immediato e tangibile sulla realtà. Questa rappresentazione diretta attraverso le immagini è una delle caratteristiche fondamentali che rende la fotografia un medium così potente e accessibile. Ogni scatto diventa un'opportunità per cogliere istantanee iconiche della vita, senza filtri o barriere interpretative, celebrando la bellezza della rappresentazione visiva pura e semplice.

Indicazione: La rappresentazione implicita

L'indicazione, come concetto chiave nella semiotica della fotografia, si concentra sulla rappresentazione implicita e indiretta di significato attraverso segni, simboli o contesti. Mentre l'iconicità si basa sulla rappresentazione diretta degli oggetti, l'indicazione va oltre, sfruttando elementi che suggeriscono significati più ampi o concetti che non sono immediatamente evidenti nella scena fotografata. In una fotografia, l'indicazione può emergere attraverso l'uso di simboli culturali, come un oggetto che rappresenta una tradizione specifica o un concetto universalmente riconosciuto. La disposizione degli elementi o l'uso di determinati colori può anch'essa suggerire emozioni, atmosfere o concetti che vanno oltre la mera rappresentazione visiva. Questo approccio consente alla fotografia di diventare un linguaggio sottile, richiedendo all'osservatore di esplorare il contesto e di interpretare le connessioni simboliche presenti nell'immagine. L'indicazione si rivela particolarmente potente quando si tratta di esplorare tematiche complesse o concetti astratti, dando al fotografo la possibilità di comunicare in modo più sfumato e coinvolgente. L'indicazione nella semiotica della fotografia amplifica la portata del medium, trasformando le immagini in veicoli di significato stratificato e sfaccettato. Ogni elemento diventa una traccia, un suggerimento che invita l'osservatore a esplorare al di là della superficie visibile e a immergersi in un mondo di interpretazioni più profonde e personali.

Combinazione di iconicità e indicazione

La combinazione di iconicità e indicazione nelle fotografie costituisce un potentissimo strumento comunicativo. In molte immagini, questi due aspetti si fondono armoniosamente per trasmettere messaggi complessi che vanno oltre la mera rappresentazione

visiva. Nel caso di una fotografia raffigurante un vigile del fuoco che combatte un incendio, la componente iconica è evidente nella diretta rappresentazione degli elementi fisici: il vigile del fuoco e le fiamme. Questi sono segni immediati, facilmente riconoscibili e con significati intrinseci. Tuttavia, la potenza della fotografia emerge ancor di più quando consideriamo l'indicazione.

L'indicazione in questo contesto potrebbe abbracciare concetti più ampi come coraggio, dedizione o l'emergenza stessa. La figura del vigile del fuoco, in azione contro le fiamme, diventa un simbolo di coraggio e dedizione al dovere. Le fiamme possono indicare non solo un incendio fisico ma anche simbolicamente un'emergenza, sottolineando la natura cruciale e urgente del lavoro del vigile del fuoco. La forza di questa combinazione risiede nella sua capacità di coinvolgere l'osservatore su più livelli. L'iconicità fornisce un ancoraggio tangibile alla realtà, mentre l'indicazione apre le porte a interpretazioni più profonde e complesse. L'osservatore può essere immediatamente colpito dalla drammaticità dell'immagine, ma allo stesso tempo, può intraprendere un viaggio interpretativo che va oltre la scena visibile.

Questa sinergia tra iconicità e indicazione allarga la portata della fotografia come medium narrativo. Ogni elemento diventa una tessera in un puzzle di significati, dando vita a una storia visiva ricca e sfaccettata. In questo modo, la fotografia non è solo un documento visivo, ma una finestra aperta su strati di significato che sfidano e arricchiscono la nostra comprensione del mondo rappresentato.

Interpretazione dell'iconicità e dell'indicazione

Nel contesto dell'analisi semiotica delle fotografie, è cruciale comprendere come iconicità e indicazione si intreccino per dar vita a significati complessi e stratificati. Gli osservatori, nel processo interpretativo, attingono alle proprie conoscenze pregresse per decodificare gli elementi iconici presenti nell'immagine. Tuttavia, è proprio l'indicazione a introdurre la sottigliezza e la profondità nella comprensione dell'opera fotografica. L'iconicità fornisce una base solida: gli oggetti e le scene raffigurati sono riconoscibili immediatamente, basandosi su schemi cognitivi e culturali comuni. Questi elementi iconici agiscono come punti di ancoraggio nella rappresentazione visiva, consentendo agli osservatori di identificare gli oggetti e attribuire loro significato in base alla loro natura intrinseca. Tuttavia, è attraverso l'indicazione che si apre la porta a interpretazioni più profonde. L'indicazione può introdurre simboli, contesti o connessioni che vanno oltre la mera rappresentazione diretta. Ad esempio, una fotografia di una rosa rossa (iconicità) potrebbe, grazie a elementi aggiuntivi come il contesto o la composizione, suggerire non solo l'amore romantico, ma anche la passione o addirittura il concetto di effimero. L'osservatore, quindi, si immerge in un processo interpretativo dinamico in cui l'iconicità offre un punto di partenza comprensibile e l'indicazione apre la strada a strati più profondi di significato. Questa interplay crea una sinergia che arricchisce la nostra esperienza visiva, poiché ogni elemento contribuisce alla narrazione complessiva dell'immagine. L'analisi di iconicità e indicazione nella semiotica fotografica sottolinea la complessità e la ricchezza del linguaggio visivo. Riconoscere come questi due elementi collaborano nell'atto di comunicare significati non solo arricchisce la nostra comprensione delle singole immagini ma ci invita anche a esplorare il potenziale intrinseco della fotografia nel plasmare la percezione e la comprensione del mondo che ci circonda.

Esercizio pratico: analisi di fotografie iconiche e indicative

A questo punto è arrivato il momento di fare un esercizio pratico in cui analizzeremo fotografie che utilizzano l'iconicità e l'indicazione per comunicare significati complessi. Questo ci permetterà di mettere in pratica le nozioni apprese e di sviluppare una comprensione più profonda di come gli elementi visivi lavorino insieme nelle immagini. Facciamo quindi come nel capitolo precedente e selezioniamo 5 foto per sviluppare le conoscenze apprese in questo capitolo.

Conclusione

Abbiamo esplorato i concetti di iconicità e indicazione nella fotografia. Questi due aspetti sono fondamentali per comprendere come le immagini fotografiche catturino e trasmettano significati. Nel capitolo successivo, capiremo ulteriormente il concetto di denotazione e connotazione nella semiotica della fotografia, esaminando come gli elementi visivi possano evocare emozioni, contesti culturali e valori all'interno delle immagini.

CAPITOLO 5

Denotazione e connotazione

Ora ci addentreremo nei concetti di denotazione e connotazione, che sono fondamentali per comprendere come gli elementi visivi all'interno di una fotografia possono evocare emozioni, contesti culturali e valori più profondi.

Denotazione: La rappresentazione letterale

La denotazione, come concetto fondamentale nella semiotica della fotografia, ci guida verso la rappresentazione letterale e oggettiva degli elementi all'interno di un'immagine. Questo aspetto mira a cogliere ciò che è direttamente visibile, senza coinvolgere interpretazioni soggettive. Gli elementi denotati sono quelli che possono essere riconosciuti e descritti in modo oggettivo, offrendo una base solida per l'analisi dell'immagine. Immaginiamo una fotografia di un tramonto su un mare calmo. La denotazione in questo caso comprende gli elementi fisici direttamente osservabili: il sole, il mare, le nuvole e la loro disposizione spaziale. Questi sono gli aspetti tangibili che possono essere identificati senza ambiguità, formando la base della rappresentazione letterale dell'immagine. La denotazione si configura come un pilastro nella semiotica fotografica, fornendo una base di comprensione condivisa.

Questo approccio oggettivo permette agli osservatori di concordare sulla presenza e sulla disposizione degli elementi chiave all'interno dell'immagine. La denotazione, pertanto, agisce come un linguaggio comune che facilita la comunicazione visiva senza ricorrere a interpretazioni personali. Tuttavia, nonostante la sua apparente oggettività, è importante riconoscere che anche la denotazione può essere soggetta a interpretazioni contestuali. Ad esempio, la luce del sole potrebbe assumere sfumature diverse a seconda della stagione o della latitudine. Ciò sottolinea la connessione tra la denotazione e il contesto, poiché gli osservatori attingono alle loro esperienze e conoscenze per interpretare anche gli elementi apparentemente oggettivi. In sintesi, la denotazione rappresenta la base solida su cui si costruisce la comprensione condivisa di un'immagine. La sua natura oggettiva fornisce un terreno comune per la comunicazione visiva, ma allo stesso tempo, la sua interazione con il contesto invita gli osservatori a esplorare e condividere le interpretazioni che vanno al di là della semplice rappresentazione letterale.

Connotazione: La Rappresentazione Simbolica ed Emotiva

La connotazione, rispetto alla denotazione, apre le porte a un livello più profondo di interpretazione attraverso il significato simbolico ed emotivo degli elementi visivi.

Questo aspetto della semiotica fotografica coinvolge la sfera personale e culturale, dando vita a interpretazioni soggettive che possono variare da individuo a individuo. Gli elementi connotati in una fotografia sono quelli che evocano sentimenti, emozioni e associazioni più ampie.

Prendiamo ancora una volta la fotografia del tramonto sul mare. Nella dimensione connotativa, oltre alla denotazione degli elementi fisici come sole, mare e nuvole, emergono significati simbolici ed emotivi. Il tramonto può connotare un senso di pace, bellezza e serenità. Questi aspetti vanno al di là della semplice rappresentazione delle caratteristiche fisiche e si collegano a esperienze, ricordi e valori personali e culturali.

La connotazione è intrinsecamente legata alla soggettività dell'osservatore. Le emozioni evocate da un tramonto dipendono dalle esperienze personali di ciascun individuo. Mentre per alcuni il tramonto potrebbe rappresentare un momento di contemplazione pacifica, per altri potrebbe evocare un senso di malinconia o riflessione. Inoltre, la connotazione è profondamente radicata nel contesto culturale. Determinati simboli possono avere significati diversi in contesti culturali diversi. Ad esempio, il colore rosso potrebbe connotare passione in una cultura, mentre in un'altra potrebbe simboleggiare pericolo. La connotazione amplifica il linguaggio visivo della fotografia, trasformando un'immagine da una mera registrazione oggettiva a un mezzo ricco di sfumature e interpretazioni. La dimensione connotativa aggiunge profondità alla nostra connessione emotiva con le immagini, consentendo loro di superare i confini della mera rappresentazione visiva e di parlare direttamente ai nostri sentimenti e alle nostre esperienze più intime.

L'Importanza della Connotazione

L'importanza della connotazione nella semiotica della fotografia si manifesta nella sua capacità di conferire alle immagini una potenza visiva straordinaria. Mentre la denotazione fornisce la base oggettiva e letterale dell'immagine, è la connotazione che apre le porte a livelli più profondi di significato, suscitando emozioni e stabilendo connessioni emotive con l'osservatore.

Gli elementi connotati fungono da veicoli per trasmettere messaggi complessi e sottili. Ad esempio, una semplice scena di vita quotidiana può connotare un senso di nostalgia o di intimità, evocando ricordi personali nell'osservatore. Questo arricchisce notevolmente la comprensione dell'immagine, trasformandola da una mera rappresentazione visiva a un veicolo di esperienze emotive e concetti più ampi.

La connotazione è anche uno strumento potente per suscitare emozioni. Attraverso l'uso di simboli, colori e composizione, una fotografia può evocare sentimenti di gioia, malinconia, speranza o persino tensione. Questa capacità di influenzare lo stato emotivo dell'osservatore amplifica l'impatto dell'immagine, trasformandola in un'esperienza sensoriale completa.

Inoltre, la connotazione consente di stabilire connessioni più profonde tra l'osservatore e l'opera fotografica. Gli elementi simbolici e emotivi possono risuonare con le esperienze personali, creando un ponte diretto tra l'immagine e il vissuto dell'osservatore. Questo coinvolgimento personale contribuisce a rendere l'esperienza visiva più significativa e memorabile.

Concludo dicendo che: l'importanza della connotazione nella semiotica della fotografia risiede nella sua capacità di trasformare le immagini in mezzi comunicativi potenti e significativi. La connotazione aggiunge profondità, complessità ed emotività, trasformando una semplice immagine in una storia ricca di significati e sensazioni.

Contesto Culturale e Connotazione

Il connubio tra contesto culturale e connotazione rivela un aspetto cruciale nella semiotica della fotografia, evidenziando come le associazioni culturali e le convenzioni possano plasmare profondamente l'interpretazione degli elementi visivi all'interno di un'immagine. Questo fenomeno sottolinea la fluidità del significato nelle fotografie, poiché la connotazione è intrinsecamente legata alle esperienze e alle prospettive culturali degli osservatori. Le immagini, cariche di simboli e significati connotativi, sono intrinsecamente influenzate dalla cultura in cui sono create e osservate. Elementi che potrebbero evocare emozioni specifiche o trasmettere significati particolari in una cultura potrebbero essere percepiti in modo diverso in un contesto culturale diverso. Ad esempio, il colore rosso può essere associato a diverse emozioni o concetti in contesti culturali differenti. Il contesto culturale, quindi, agisce come una lente attraverso cui gli osservatori filtrano le interpretazioni connotative. Le esperienze, le tradizioni e le percezioni collettive di una determinata cultura influenzano la valutazione degli elementi simbolici presenti in una fotografia. Questo rende il processo di connotazione estremamente soggettivo e variabile. Un'immagine che in una cultura evoca un senso di celebrazione potrebbe, nella prospettiva di un'altra cultura, trasmettere un messaggio completamente diverso. Le differenze nelle rappresentazioni simboliche, nei significati attribuiti ai colori o nei valori culturali possono portare a interpretazioni contrastanti della stessa immagine.

Il legame tra contesto culturale e connotazione nella semiotica fotografica evidenzia la natura dinamica e sfaccettata della comunicazione visiva. Rispettare e comprendere il contesto culturale è essenziale per cogliere appieno la ricchezza di significati connessi alle immagini, sottolineando la necessità di un approccio inclusivo e culturalmente sensibile nell'analisi e nella fruizione delle opere fotografiche.

Esercizio Pratico: Analisi di Fotografie Denotate e Connotate

Nell'ambito dell'esercizio pratico di questo capitolo, esaminate diverse fotografie per identificarne gli elementi denotati e connotati. Questo esercizio vi aiuterà a sviluppare la vostra capacità di riconoscere e interpretare il significato sia oggettivo che soggettivo nelle immagini fotografiche. Il mio consiglio è sempre quello di scrivere tutto su un quaderno per poter avere la percezione dei progressi ottenuti nel tempo rispetto all'analisi fotografica nella quale vi cimenterete.

Conclusione

Definiti i concetti di denotazione e connotazione nella fotografia, rivelando come gli elementi visivi all'interno di un'immagine possano trasmettere significati oggettivi e soggettivi. La comprensione di questi concetti è essenziale per una profonda analisi semiotica delle fotografie. Nel capitolo successivo, scopriremo il ruolo del contesto nel definire il significato di una fotografia.

CAPITOLO 6

L'analisi semiotica applicata

Scopriamo l'analisi semiotica applicata alle fotografie. Questo capitolo ci guiderà attraverso un processo strutturato per scomporre le immagini in segni e simboli, rivelando i significati nascosti e svelando come gli elementi visivi contribuiscano alla comunicazione visuale.

Metodologia dell'Analisi Semiotica

La metodologia dell'analisi semiotica rappresenta un approccio strutturato e metodico per scomporre e interpretare gli elementi visivi presenti in un'immagine. Questo processo coinvolge diversi passaggi chiave, che contribuiscono alla comprensione approfondita della semiotica fotografica.

Identificazione dei Segni: Il primo passo cruciale consiste nel riconoscere gli elementi visivi che costituiscono l'immagine e suddividerli in segni distinti. Questi segni possono includere oggetti, persone, colori, forme e altri elementi visivi che contribuiscono alla composizione complessiva dell'opera.

Classificazione dei Segni: Una volta identificati i segni, la classificazione è il passo successivo. I segni

vengono categorizzati in base alla loro natura. Questa suddivisione può avvenire attraverso la distinzione tra icone (rappresentazioni dirette di oggetti), indici (segni legati o indicativi di qualcos'altro) e simboli (segni con significato convenzionale).

Interpretazione dei Segni: La fase finale dell'analisi semiotica implica l'esame del significato dei segni individuati. Qui, si esplora sia il livello di denotazione, focalizzato sulla rappresentazione letterale e oggettiva degli elementi, sia il livello di connotazione, che riguarda il significato simbolico ed emotivo associato a tali elementi. Questo processo richiede una considerazione attenta delle interpretazioni culturali e personali che possono variare tra gli osservatori. Questa metodologia offre una struttura solida per esplorare la complessità delle immagini, consentendo una disamina dettagliata di come i segni interagiscono tra loro e con il contesto circostante. L'analisi semiotica non solo fornisce una comprensione più profonda delle singole opere fotografiche ma contribuisce anche a una riflessione critica sulla natura della comunicazione visiva e della percezione culturale.

Applicazione pratica: analisi di fotografie

Applichiamo la metodologia dell'analisi semiotica a una serie di fotografie. Analizziamo immagini provenienti da contesti diversi, come pubblicità, foto documentarie, opere d'arte e media digitali, per comprendere come la semiotica possa aiutarci a decifrare i messaggi che veicolano. Sarà molto importante capire come la propria codifica si relazioni o si discosti dall'originale ovvero da quello che il fotografo o l'artista volesse comunicare.

Studio di casi: fotografie iconiche

Esaminiamo alcune delle fotografie più iconiche della storia per mettere in pratica l'analisi semiotica. Questi casi di studio includono fotografie che hanno influenzato la società e la cultura, dimostrando il potere delle immagini di catturare e trasmettere significati complessi.

Tra le fotografie iconiche della storia, possiamo contemplare "Il bacio di Times Square". Scattata da Alfred Eisenstaedt nel 1945, ritrae un marinaio baciare appassionatamente un'infermiera al culmine della celebrazione della fine della Seconda Guerra Mondiale. Questa immagine incarna la gioia e il sollievo collettivo di quel momento storico, diventando simbolo della vittoria e della speranza.

Un'altra fotografia che ha lasciato un'impronta indelebile è "La ragazza afghana" di Steve McCurry, catturata nel 1984. Il suo sguardo penetrante e il suo volto avvolto nel colore vivido del suo chador hanno fatto di questa immagine un'icona riconosciuta in tutto il mondo, rappresentando la forza e la bellezza in mezzo all'oscurità della guerra in Afghanistan.

Parlando di icone, non possiamo dimenticare "L'uomo sulla Luna" del 1969. La fotografia di Buzz Aldrin scattata da Neil Armstrong cattura il momento in cui Aldrin pone piede sulla superficie lunare. Questa immagine è più di una testimonianza di un avvenimento storico; è un simbolo di progresso, di conquista e dell'infinito potenziale dell'umanità.

Un'altra fotografia intramontabile è "Migrant Mother" di Dorothea Lange, scattata durante la Grande Depressione nel 1936. Il volto stremato di Florence Owens Thompson, circondata dai suoi figli, incarna la lotta e la resilienza di milioni di americani in un periodo di profonda crisi economica.

Infine, "Tank Man" è un'immagine iconica della protesta studentesca a Piazza Tiananmen nel 1989. L'uomo sconosciuto che si oppone pacificamente a una colonna di carri armati rappresenta la determinazione individuale di fronte all'oppressione statale, un simbolo di resistenza e coraggio.

Queste fotografie non sono solo documenti visivi della storia, ma sono immagini che hanno catturato e incanalato potenti emozioni, suscitando riflessioni e discussioni in tutto il mondo. Ogni scatto è un frammento di narrazione visiva che continua a influenzare la nostra comprensione collettiva del passato e del presente.

Limiti dell'analisi semiotica

È importante riconoscere che l'analisi semiotica ha dei limiti. Non tutti gli elementi visivi possono essere facilmente categorizzati e interpretati, e la percezione personale gioca un ruolo importante nell'interpretazione delle fotografie. Inoltre, la semiotica non tiene conto di fattori esterni come il contesto storico o culturale, che possono influenzare il significato di un'immagine.

Esercizio pratico: analisi di fotografie scelte

Nell'ambito dell'esercizio pratico, analizzate alcune fotografie selezionate da voi o da vostri amici, applicando la metodologia dell'analisi semiotica. Questo vi permetterà di acquisire familiarità con il processo di scomposizione delle immagini in segni e simboli per rivelare i loro significati intrinsechi.

Conclusione

Il capitolo 6 vi ha fornito gli strumenti necessari per condurre un'analisi semiotica delle fotografie. Attraverso l'applicazione di questa metodologia, possiamo svelare il linguaggio visuale delle immagini, rivelando come gli elementi visivi contribuiscano alla comunicazione visuale e al trasferimento di significati complessi. Nel capitolo successivo, esploreremo come il contesto influenzi il significato delle fotografie e come la semiotica si applichi a diversi contesti fotografici.

CAPITOLO 7

Il contesto

Il contesto ha un ruolo cruciale nella semiotica della fotografia. Il contesto, che può essere culturale, storico, sociale o geografico, gioca un ruolo fondamentale nel determinare il significato delle fotografie. Esploreremo come le fotografie cambino il loro significato in base al contesto in cui sono viste e interpretate.

L'Influenza del contesto culturale

L'analisi dell'influenza del contesto culturale sulla percezione delle fotografie rivela la complessità della semiotica visiva. Le immagini, veicoli di significato, vengono modellate e interpretate attraverso il prisma delle convenzioni e delle norme culturali.Nel tessuto culturale, le convenzioni visive fungono da codici condivisi che determinano come interpretiamo le espressioni e i gesti nelle fotografie. Ciò che può essere interpretato come un segno di rispetto in una cultura potrebbe assumere un significato completamente diverso in un contesto culturale diverso. Le norme sociali influenzano la nostra percezione degli atteggiamenti, delle emozioni e delle dinamiche rappresentate in un'immagine. Un elemento chiave da considerare è l'importanza dei simboli culturali. I simboli, che possono variare enormemente tra le culture, assumono significati diversi in base al contesto in cui sono inseriti. Un oggetto o un gesto che è considerato positivo in una cultura potrebbe essere interpretato in modo negativo o neutro in un'altra. Ad esempio, il significato attribuito ai colori, alle abitudini alimentari o ai vestiti può variare notevolmente, influenzando la comprensione di una fotografia.

Inoltre, la rappresentazione di persone nelle immagini è profondamente legata al contesto culturale. Le espressioni facciali, i gesti e il linguaggio del corpo possono essere interpretati in modo diverso a seconda delle norme sociali di una comunità. La fotografia, quindi, diventa uno specchio delle dinamiche culturali e sociali, riflettendo le diverse prospettive di chi osserva. Il contesto culturale è un elemento chiave nella comprensione delle fotografie. Le norme e le convenzioni culturali agiscono come filtri interpretativi, plasmando il modo in cui attribuiamo significato a ciò che vediamo. Riconoscere questa influenza culturale arricchisce la nostra comprensione delle immagini, consentendoci di apprezzarle nel contesto più ampio delle dinamiche sociali e culturali in cui sono immerse.

Il contesto storico

L'analisi del contesto storico nella semiotica della fotografia rivela il profondo legame tra le immagini catturate e le circostanze storiche in cui sono immerse. Le fotografie diventano finestre temporali, catturando momenti specifici che raccontano storie più ampie legate al periodo in cui sono state scattate. Considerando il contesto storico, le fotografie diventano documenti visivi che raccontano non solo la storia di un individuo o di un luogo, ma anche le dinamiche sociali, politiche ed economiche di un'epoca. Ad esempio, una fotografia scattata durante un periodo di guerra può catturare non solo il volto di un individuo, ma anche l'angoscia, la determinazione o la resilienza di una popolazione durante quel conflitto specifico. Le fotografie possono diventare potenti testimonianze storiche, dando voce a eventi e movimenti che altrimenti potrebbero essere dimenticati. La celebre immagine di "Tank Man" a Piazza Tiananmen è un esempio di come una singola fotografia possa incarnare la protesta e la resistenza di un intero movimento politico. Senza il contesto storico di quel momento specifico, la comprensione dell'immagine sarebbe incompleta. Inoltre, il contesto storico può influenzare la percezione dei simboli e degli oggetti presenti nelle fotografie. Un oggetto che potrebbe sembrare comune in un contesto contemporaneo potrebbe acquisire un significato diverso se collocato in un'epoca precedente. La moda, l'architettura, le tecnologie visibili in una fotografia diventano indizi che aiutano a datare e contestualizzare l'immagine nel suo periodo storico. Capire il contesto storico di una fotografia arricchisce la nostra interpretazione, fornendo chiavi di lettura più profonde. Non solo osserviamo un'immagine, ma viaggiando attraverso il tempo ci immergiamo nelle circostanze e nei cambiamenti che hanno plasmato il mondo rappresentato nella fotografia. Le fotografie diventano quindi testimonianze visive e potenti strumenti di narrazione storica.

Il contesto sociale e geografico

L'analisi della semiotica della fotografia non può prescindere dal contesto sociale e geografico, due elementi fondamentali che contribuiscono a modellare il significato e la percezione delle immagini. Le fotografie, come linguaggio visivo, sono influenzate dalle sfumature culturali e sociali dei contesti in cui sono nate. Il contesto sociale gioca un ruolo chiave nel determinare come gli elementi all'interno di un'immagine vengano interpretati. Le dinamiche sociali, le norme culturali e le relazioni interpersonali influenzano la nostra lettura delle espressioni facciali, dei gesti e delle interazioni raffigurate nelle fotografie. Ad esempio, una fotografia che ritrae una riunione familiare può trasmettere emozioni e connessioni profonde in una cultura, mentre in un'altra potrebbe essere interpretata in modo diverso a seconda delle dinamiche sociali. Il contesto geografico aggiunge un livello di complessità, considerando che il paesaggio, l'architettura e la geografia fisica possono contribuire a definire il tono e il significato di un'immagine. Un ambiente urbano può offrire sfondi dinamici e simbolici, mentre un paesaggio naturale può comunicare un senso di tranquillità e armonia. Inoltre, i dettagli geografici possono svelare aspetti unici legati a una determinata regione, arricchendo la comprensione della fotografia in modo specifico. Le differenze culturali e sociali influiscono anche sulla percezione dei simboli e degli oggetti presenti nelle immagini. Ciò che può essere simbolico in una cultura potrebbe non avere lo stesso significato in un'altra, e la semiotica della fotografia tiene conto di queste differenze per evitare interpretazioni errate. Comprensibile in quanto la semiotica della fotografia, quindi, deve considerare attentamente il contesto sociale e geografico per cogliere appieno il significato delle immagini. Oltre a essere documenti visivi, le fotografie diventano specchi delle culture e dei luoghi in cui sono nate, testimonianze di un'umanità variegata e ricca di sfaccettature.

Applicazione pratica: analisi del contesto fotografico

Nell'ambito di un esercizio pratico, esaminate diverse fotografie e considerate come il loro significato cambia in base al contesto in cui sono state scattate o in cui vengono visualizzate. Questo vi aiuterà a comprendere come il contesto influenzi l'interpretazione delle fotografie.

Fotografia e manipolazione del contesto

Nel mondo digitale, la manipolazione del contesto è diventata più comune. Le fotografie possono essere ritoccate o modificate per influenzare il significato. Discuteremo come la semiotica della fotografia si applichi anche alle immagini digitali e ai dilemmi etici legati alla manipolazione del contesto ma questo nei prossimi capitoli.

Conclusione

Ho sottolineato il ruolo centrale "del contesto" nella semiotica della fotografia. Comprendere il contesto in cui un'immagine è stata creata e interpretata è fondamentale per coglierne il significato completo. Nel capitolo successivo, esploreremo il potere della fotografia come mezzo di espressione artistica e come la semiotica si applichi all'arte fotografica.

CAPITOLO 8

Espressione artistica

Ora ci immergeremo nel ruolo della fotografia come mezzo di espressione artistica. Non vi nego che questa parte è la mia preferita e soprattutto è quella che contraddistingue il mio desiderio da fotografo ovvero esprimermi lontano da tecnicismi ma giocare con la fantasia e la creatività. Il concetto di creatività è un caposaldo delle mie lezioni.

La creatività fotografica è l'arte di catturare l'invisibile, trasformando il quotidiano in un'opera unica e straordinaria. Essere creativi è scolpire la propria visione nel mondo, trasformando ogni istante in una tela su cui dipingere la propria anima…

È troppo? Esaminiamo quindi come i fotografi utilizzino la semiotica per creare opere d'arte e come le fotografie possano andare oltre la mera registrazione del mondo visibile.

La Fotografia come Arte

L'evoluzione della fotografia come forma d'arte ha segnato un viaggio affascinante nel mondo della creatività visiva. I fotografi, nel loro ruolo di artisti, superano il mero atto di catturare l'immagine per esplorare e comunicare la profondità della loro visione

personale. La macchina fotografica diventa uno strumento di espressione artistica, trasformando la realtà in un linguaggio visivo unico e potente. In questo contesto, la semiotica si rivela come un compagno

indispensabile nella creazione fotografica artistica. Non è solo la registrazione di una scena, ma il racconto di un mondo interiore attraverso segni visivi. La semiotica nella fotografia artistica permette ai creatori di veicolare significati complessi, costruendo un ponte tra l'immagine e l'interpretazione personale dello spettatore. Attraverso il linguaggio visivo della semiotica, un fotografo può tradurre emozioni, concetti e riflessioni profonde in un'immagine statica. Ogni elemento nella cornice fotografica diventa una parola nel poema visivo dell'artista, contribuendo a un dialogo senza tempo tra l'opera e chi la osserva. La fotografia artistica, dunque, diventa una forma di storytelling visuale, dove l'uso sapiente dei segni, dei colori e della composizione si fonde per creare un'opera d'arte intrisa di significati multipli. È un mezzo attraverso il quale il fotografo può comunicare non solo con il presente ma anche con il futuro, offrendo al pubblico un invito a esplorare il mondo attraverso gli occhi del creatore. La fotografia artistica, arricchita dalla semiotica, trascende il semplice atto di documentare la realtà. Diventa una forma d'arte potente e intrinsecamente umana, capace di catturare l'essenza di momenti, emozioni e concetti astratti, tessendo così il ricco tessuto della creatività visiva.

Composizione e significato

La composizione fotografica è un'arte sottile che va ben oltre la semplice disposizione degli oggetti nell'inquadratura. I fotografi, come veri architetti visivi, giocano con elementi come linee, forme, colori e luci per creare un linguaggio visivo ricco di significati e suggestioni emotive. Le linee, ad esempio, non sono solo tratti geometrici, ma sentieri per gli occhi dell'osservatore. Una strada che si perde all'orizzonte può simboleggiare l'idea di viaggio, di scoperta o di prospettive infinite. L'uso sapiente delle linee guida nella composizione può condurre l'osservatore attraverso un'immagine, svelando gradualmente elementi chiave e creando una narrazione visiva. La disposizione degli oggetti, la scelta accurata del punto di vista e l'uso della prospettiva influenzano la percezione dell'osservatore. Una fotografia di un soggetto visto dall'alto può suggerire autorità o vulnerabilità, mentre un piano ravvicinato può intensificare l'intimità e la connessione emotiva. Il colore è un altro strumento potente nella scatola degli attrezzi del fotografo. Ogni tonalità e sfumatura può evocare emozioni diverse. Un paesaggio in bianco e nero può accentuare la drammaticità e l'intensità di una scena, mentre colori vividi possono trasmettere vitalità e gioia. La luce, con la sua capacità di plasmare ombre e riflessi, aggiunge un ulteriore strato di significato. Una luce morbida può creare atmosfere intime, mentre un contrasto accentuato può suggerire tensione o drammaticità. In sostanza, la composizione è la lingua attraverso cui i fotografi narrano le loro storie.

Ogni elemento visivo all'interno di un'immagine contribuisce a una conversazione visiva più ampia, sottolineando emozioni, trasmettendo messaggi nascosti e stimolando riflessioni profonde. È attraverso la maestria della composizione che una fotografia si eleva da semplice immagine a una forma d'arte che parla direttamente all'anima di chi la osserva.

Interpretazione dell'opera fotografica

Nel vasto panorama dell'arte fotografica, la semiotica si erge come la chiave di volta per penetrare il significato intrinseco delle opere. Ogni scatto diventa un testo visivo ricco di simboli, segni e significati che attendono pazientemente di essere decifrati. Gli spettatori, di fronte a un'opera fotografica, sono immersi in un dialogo silenzioso con l'artista. La semiotica agisce come il linguaggio con cui questo dialogo avviene, una lingua fatta di colori, composizioni, forme e dettagli che insieme compongono una narrazione visiva. L'osservatore è invitato a esplorare il testo fotografico, a svelare strati di significato che vanno al di là della semplice registrazione della realtà. La distinzione tra denotazione e connotazione, fondamentale in semiotica, diventa particolarmente rilevante. La denotazione offre una lettura di base, la descrizione oggettiva dell'oggetto o della scena immortalata. Tuttavia, è nella connotazione che l'arte fotografica rivela la sua vera profondità. Qui, ogni elemento assume significati simbolici, aprendo la porta a interpretazioni personali, emozioni e riflessioni

profonde. I fotografi, consapevoli di questo potere della semiotica, diventano narratori visivi. Utilizzano i segni visivi per guidare l'osservatore attraverso un viaggio emozionale e concettuale. La scelta di determinati simboli, la disposizione degli elementi, l'uso della luce e del colore sono tutti strumenti intenzionali per plasmare l'interpretazione dell'opera. Così, la semiotica nell'arte fotografica diventa un ponte tra l'intento creativo dell'artista e la comprensione soggettiva dello spettatore. È una danza di significati in cui le immagini parlano il linguaggio universale delle emozioni, delle storie e delle visioni. Attraverso questa interpretazione condivisa, l'opera fotografica prende vita, trasformandosi da un semplice scatto in un'esperienza condivisa di esplorazione e comprensione.

Fotografi famosi e tecniche iconiche

Esaminare il lavoro di fotografi famosi è un'opportunità affascinante per comprendere le tecniche iconiche che hanno contribuito al loro successo. Vediamo alcuni esempi di fotografi celebri e le peculiarità delle loro opere:

Ansel Adams

Tecnica iconica: Adams è noto per la sua maestria nella fotografia paesaggistica in bianco e nero, specialmente dei parchi nazionali americani. **Interpretazione concettuale**: Le sue immagini trasmettono un senso di grandezza e serenità. La sua abilità nel catturare la luce e la composizione dona alle sue fotografie un'atmosfera quasi spirituale.

Dorothea Lange

Tecnica iconica: Lange è celebre per le sue fotografie documentaristiche durante la Grande Depressione, in particolare "Migrant Mother". **Interpretazione concettuale**: Le sue opere narrano storie di lotta e resilienza. "Migrant Mother" è un'icona della forza materna in tempi difficili, catturando il dramma umano della povertà.

Cindy Sherman

Tecnica iconica: Sherman è conosciuta per il suo lavoro concettuale nel ritrarre sé stessa in ruoli diversi attraverso la messa in scena e l'uso della fotografia per esplorare il concetto di identità. **Interpretazione concettuale**: Sherman sfida le norme sociali e di genere attraverso la sua capacità di trasformarsi in personaggi distinti, suggerendo una riflessione critica sulla costruzione dell'identità nelle rappresentazioni visive.

Steve McCurry

Tecnica iconica: McCurry è noto per il suo ritratto della "Ragazza Afghana" e per le sue fotografie che catturano la vita quotidiana in aree di conflitto. **Interpretazione concettuale**: Le sue immagini raccontano storie universali di connessione umana. McCurry enfatizza la forza emotiva e la resilienza in contesti difficili, trasmettendo messaggi di speranza e comprensione. In termini di giudizi critici, le opere di questi fotografi spesso ricevono lodi per la loro capacità di comunicare emozioni profonde e offrire una visione unica del mondo. La maestria tecnica, la sensibilità artistica e la capacità di catturare momenti significativi contribuiscono alla grandezza delle loro fotografie.

Espressione creativa e significato

La fotografia, come forma d'arte, permette ai fotografi di esprimere idee, emozioni e concetti in modi unici, sfruttando la semiotica come strumento chiave per la comunicazione visiva.

Vediamo come questa espressione creativa e la trasmissione di significato si manifestano attraverso la fotografia.

Scelta del soggetto

Espressione creativa: I fotografi selezionano soggetti che risuonano con la loro visione artistica e personale. Questa scelta riflette il loro desiderio di comunicare un'idea o un concetto in particolare.

Significato: Il soggetto scelto può essere intrinsecamente significativo o può acquisire significato attraverso la prospettiva del fotografo. Ad esempio, un fotografo di street photography può catturare la vita quotidiana per evidenziare la bellezza nella normalità.

Composizione e elementi visivi

Espressione creativa: La composizione, l'uso della luce, del colore e della prospettiva sono strumenti creativi che i fotografi impiegano per rendere le loro immagini uniche e coinvolgenti.

<u>Significato</u>: Ogni elemento visivo contribuisce alla narrazione dell'immagine. Ad esempio, l'uso di una luce radente può creare un'atmosfera intima, mentre l'uso di colori vivaci può trasmettere emozioni positive.

Simbolismo e connotazione

<u>Espressione creativa</u>: L'uso di simboli, oggetti o situazioni cariche di significato personale o culturale è una forma di espressione creativa. Questo simbolismo può conferire profondità e complessità all'opera.

<u>Significato</u>: I simboli possono arricchire il significato dell'immagine, offrendo interpretazioni multiple. Ad esempio, una rosa può rappresentare l'amore, la passione o la fragilità, a seconda del contesto e dell'intento del fotografo.

Manipolazione tecnica

<u>Espressione creativa</u>: L'uso di tecniche come il bianco e nero, la sovraesposizione o la post-produzione digitale permette ai fotografi di modellare l'estetica delle loro immagini in modo unico.

<u>Significato</u>: Queste scelte tecniche possono influenzare l'atmosfera e la percezione dell'immagine. Una fotografia in bianco e nero, ad esempio, può accentuare l'aspetto nostalgico o drammatico di una scena.

La fotografia come forma d'arte offre un terreno fertile per l'espressione creativa attraverso la selezione di soggetti, la manipolazione visiva e l'uso intelligente della semiotica. Questa combinazione di elementi consente ai fotografi di trasmettere messaggi profondi e personali, rendendo ogni immagine unica nell'interpretazione e nell'impatto emotivo.

Esercizio: analisi di opere fotografiche d'arte

Nell'ambito dell'esercizio pratico di questo capitolo, esaminate alcune opere fotografiche d'arte e analizzate come gli elementi visivi contribuiscano alla creazione di significato artistico. Questo esercizio vi aiuterà a sviluppare la vostra capacità di interpretare e apprezzare la fotografia artistica. Agli occhi dei meno esperti questo esercizio risulta molto spesso privo di risultati oppure con pensieri marginali. Per un'analisi attenta va compiuta una profonda e dettagliata ricerca che contestualizzi sotto ogni aspetto l'opera eseguendone una verifica attraverso tutti gli elementi spiegati finora.

Conclusione

Le fotografie artistiche sono in grado di comunicare emozioni, idee e concetti in modo potente e creativo, e la semiotica gioca un ruolo chiave nella comprensione. Esamineremo ora la semiotica della fotografia nell'era digitale e come le immagini siano state influenzate dalla tecnologia.

CAPITOLO 9

Mondo digitale

Questo capitolo appassiona sicuramente le nuove leve della fotografia. La fotografia digitale in un mondo che si affaccia all'era dell'intelligenza artificiale. Nuovi sistemi che agevolano e sgravano il lavoro della produzione e della post-produzione ma che non potranno mai modificare un elemento umano inimitabile ovvero l'unicità e la singolarità di pensiero.

In che modo la fotografia e la semiotica si sono evolute nell'era digitale? Scopriamo l'impatto della tecnologia digitale sulle fotografie, la loro diffusione attraverso i social media e come la semiotica abbia adattato il suo approccio a questa nuova realtà.

La fotografia nell'era digitale

L'avvento della fotografia digitale ha ridefinito radicalmente il panorama fotografico, trasformando le dinamiche della creazione, condivisione e interpretazione delle immagini. La rivoluzione digitale ha portato con sé una democratizzazione senza precedenti dell'arte fotografica, aprendo le porte a una partecipazione diffusa e consentendo a chiunque di esprimere la propria creatività attraverso l'obiettivo della macchina fotografica. La fotografia digitale ha reso l'arte fotografica più accessibile che mai. Le macchine fotografiche digitali, dai dispositivi portatili ai sofisticati apparecchi professionali, sono diventate strumenti onnipresenti nella vita quotidiana. La facilità di utilizzo la possibilità di visualizzare istantaneamente gli scatti hanno abbattuto le barriere tecniche, permettendo a un numero sempre crescente di individui di avvicinarsi al mondo della fotografia. Questa democratizzazione ha portato a una diversificazione straordinaria delle voci fotografiche. Ogni persona, munita di uno smartphone o di una fotocamera digitale, può catturare e condividere il proprio punto di vista unico. Questo ha creato un ricco tessuto di narrazioni visive, offrendo un'ampia varietà di prospettive culturali, sociali ed estetiche. La semiotica della fotografia nell'era digitale si è adattata a questa democratizzazione, affrontando nuove sfide e offrendo nuove opportunità interpretative. La velocità con cui le immagini possono essere condivise e diffuse globalmente ha reso il contesto digitale un terreno fertile per la creazione di significati condivisi. Le fotografie non sono più solo documenti visivi; sono diventate pezzi di conversazione in un dialogo globale, arricchendo la nostra comprensione collettiva del mondo. Con l'avvento della fotografia digitale si è trasformato il modo in cui percepiamo e partecipiamo all'arte fotografica. Con un click, siamo in grado di catturare attimi, condividerli con il mondo e contribuire a una narrazione visiva collettiva. La democratizzazione della fotografia digitale ha ampliato il vocabolario visivo globale, dando voce a un'infinità di prospettive e contribuendo a definire l'estetica e la semiotica di un'intera era.

Manipolazione digitale e semiotica

La manipolazione digitale delle fotografie, ormai diffusa nell'era digitale, solleva interrogativi interessanti e sfide significative per la semiotica. La facilità con cui le immagini possono essere modificate attraverso strumenti digitali ha aperto un nuovo capitolo nella comprensione e interpretazione delle fotografie, sfidando le tradizionali nozioni di verità visiva. In questa era in cui ogni dispositivo digitale funge anche da laboratorio fotografico portatile, la semiotica si trova di fronte alla necessità di esplorare le complesse dinamiche che emergono dalla manipolazione digitale. La possibilità di alterare non solo l'estetica, ma anche il significato intrinseco di un'immagine, aggiunge uno strato di complessità all'analisi semiotica. La semiotica deve ora affrontare il concetto di "verità" nelle immagini digitali. Con la manipolazione digitale, una fotografia non rappresenta solo la realtà catturata dall'obiettivo, ma può essere una rappresentazione modificata, un'interpretazione soggettiva della realtà. La manipolazione può trasformare un paesaggio sereno in un'opera surreale o accentuare elementi per sottolineare un particolare aspetto della storia che l'immagine racconta. Inoltre, la semiotica deve considerare il contesto digitale in cui le immagini vengono visualizzate e condivise. La manipolazione digitale può essere utilizzata per creare immagini virali, adattate per soddisfare un particolare pubblico o scopo. Questo solleva interrogativi etici e culturali sulla veridicità e l'autenticità delle immagini nell'era digitale. La manipolazione digitale delle fotografie introduce nuovi territori di indagine per la semiotica. La sfida sta nel navigare tra l'autenticità e la soggettività, esplorando come la manipolazione digitale possa arricchire o distorcere il linguaggio visivo. La semiotica, in questo contesto, diventa un mezzo per comprendere la complessità di un'immagine digitale e le molteplici strade attraverso cui può essere interpretata nel vasto panorama dell'era digitale.

Fotografia e social media

Nel vasto panorama dei social media, che include piattaforme come Instagram, Facebook, Twitter e TikTok, la semiotica gioca un ruolo fondamentale nel plasmare la comunicazione visiva e nell'incanalare la creatività dei fotografi. Ogni piattaforma presenta dinamiche uniche, ma condividono l'importanza cruciale della semiotica nel veicolare significati attraverso le immagini.

Instagram, ad esempio, si è affermato come il regno delle immagini, con un'attenzione particolare alla qualità visiva e alla costruzione di narrazioni attraverso le foto. La semiotica si manifesta nella scelta dei filtri, nell'uso di didascalie e nell'organizzazione del feed, contribuendo a creare un linguaggio visivo coerente e riconoscibile.

Facebook, con la sua ampia portata e varietà di contenuti, ospita una moltitudine di immagini che richiedono una comprensione profonda della semiotica per emergere in un flusso costante di informazioni. La creazione di album fotografici, la condivisione di storie visive e la partecipazione a gruppi tematici sono solo alcune delle strategie che richiedono una consapevolezza semiotica.

Twitter (oggi X), con il suo limite di caratteri e l'importanza della brevità, spinge i fotografi a comunicare in modo rapido ed efficace attraverso le immagini.

TikTok, l'innovativa piattaforma di condivisione video, si inserisce in questo contesto come un'onda creativa che ridefinisce la narrazione visiva in brevi frammenti di genialità. I fotografi su TikTok sfruttano la semiotica per catturare l'attenzione del pubblico in pochi secondi, trasformando la brevità in un'opportunità per comunicare in modo veloce e coinvolgente, dimostrando ancora una volta come la semiotica sia una chiave per navigare nel vasto universo dei social media.

La semiotica si svela nel modo in cui le immagini sono integrate nei tweet, sfruttando al massimo la potenza evocativa di una singola foto. In questo contesto digitale, l'imprenditorialità fotografica si evolve attraverso la costruzione di un brand personale, la promozione del lavoro e l'interazione con il pubblico. La semiotica diventa un alleato chiave per trasmettere un messaggio coerente e distintivo, facilitando la creazione di una presenza online distintiva e riconoscibile. Guardando avanti, la prospettiva di scrivere un manuale sull'imprenditorialità nel settore fotografico online diventa sempre più interessante. La combinazione di competenze fotografiche, comprensione della semiotica e abilità imprenditoriali può delineare una roadmap preziosa per coloro che aspirano a prosperare in questo contesto digitale in continua evoluzione.

La semiotica rappresenta un pilastro fondamentale nell'era dei social media, plasmando la comunicazione visiva e aprendo nuove opportunità imprenditoriali per i fotografi. La sua influenza è tangibile su tutte le piattaforme, sottolineando la necessità di comprendere e sfruttare appieno il linguaggio visivo per eccellere nella fotografia digitale contemporanea.

La fotografia come linguaggio visuale digitale

La semiotica della fotografia nel mondo digitale ci offre nuove prospettive sul linguaggio visuale. Vi invito ad analizzare come le emoji, le GIF e altri elementi visivi digitali siano diventati parte del linguaggio fotografico e come abbiano contribuito a creare significato. Il segno, identificato come premesso da una simbologia moderna accattivante ed alla portata di tutti, rappresenta ormai un sistema di comunicazione immediato e quasi privo da concetti nascosti o di difficile interpretazione. L'utilizzo di questi sistemi di comunicazione permette al fruitore o spettatore, di integrarsi con le masse e facilita la comprensione generale dell'immagine occupando di prepotenza un sistema di comunicazione di massa unificato. La semiotica alla portata di tutti, un passo in aventi per chi produce contenuti ma un passo indietro per lo sviluppa della fantasia e del pensiero per chi la "subisce".

Impatto della semiotica nel mondo digitale

La semiotica della fotografia ha acquisito una risonanza significativa nel mondo digitale, influenzando diversi settori dall'arte alla pubblicità online. Esplorare l'impatto di questo campo di studio rivela la sua importanza nella creazione e interpretazione delle immagini in un ambiente sempre più connesso e visivamente orientato.

Pubblicità Online:

La pubblicità digitale si basa fortemente sulla semiotica per trasmettere messaggi efficaci attraverso immagini. Le immagini pubblicitarie devono essere immediate e coinvolgenti, e la semiotica aiuta a creare visivamente significati che possono essere rapidamente decodificati dagli spettatori. L'uso di simboli, colori e composizioni diventa cruciale per catturare l'attenzione e comunicare messaggi persuasivi. Ad esempio, il colore rosso può evocare emozioni di urgenza o passione, mentre simboli come il checkmark possono trasmettere un senso di approvazione.

Arte Digitale:

Nel mondo dell'arte digitale, la semiotica si manifesta attraverso la creazione di opere che sfidano le convenzioni e aprono nuove prospettive. Artisti digitali spesso utilizzano simboli e iconografie contemporanee per esprimere concetti complessi. La manipolazione digitale delle immagini offre nuove possibilità creative, consentendo agli artisti di giocare con i segni e i significati in modi che non erano precedentemente accessibili. L'arte digitale diventa un terreno fertile per esplorare la fluidità dei significati e la loro trasformazione nel contesto digitale.

Fotografia digitale e social media:

La semiotica continua a guidare la comunicazione visiva su piattaforme social come Instagram, Facebook e Twitter. Fotografi e utenti utilizzano simboli visivi per narrare storie, condividere emozioni e costruire brand personali. Hashtag, emoji e altri elementi visivi diventano parte integrante del linguaggio visivo digitale, creando connessioni emotive e culturali attraverso immagini condivise. La semiotica diventa uno strumento per comprendere il significato dietro ogni post e per interpretare il mondo visivo in continua evoluzione delle piattaforme social.

Design dell'Interfaccia Utente (UI) e dell'Esperienza Utente (UX):

Nei contesti digitali, come siti web e app, la semiotica è centrale nel design dell'interfaccia utente e nell'esperienza utente. L'uso di icone, pulsanti e segni visivi segue principi semiotici per garantire che gli utenti comprendano intuitivamente come interagire con un'applicazione o un sito. La semiotica contribuisce a creare un'esperienza utente chiara, coerente e intuitiva, facilitando la navigazione e l'utilizzo delle piattaforme digitali.

Evoluzione e futuro:

L'impatto della semiotica nel mondo digitale è in continua evoluzione. Con l'avvento di nuove tecnologie, come la realtà aumentata e la realtà virtuale, la semiotica sta contribuendo a definire nuovi linguaggi visivi e nuovi modi per interagire con le immagini digitali. In futuro, la semiotica potrebbe essere ancora più centrale nell'interpretare il significato di immagini complesse e nella creazione di nuove forme di espressione visiva. La semiotica della fotografia rivela la sua potenza nel mondo digitale, plasmando la comunicazione visiva in ogni aspetto della nostra esperienza online. Dai messaggi persuasivi della pubblicità digitale all'esplorazione artistica nell'arte digitale, la semiotica rimane una bussola preziosa per decifrare il linguaggio visivo del mondo digitale in continua trasformazione.

Esercizio pratico: Analisi di immagini digitali

Nell'ambito dell'esercizio pratico di questo capitolo, analizzate immagini digitali con particolare attenzione all'uso di emoji, GIF e altri elementi visivi digitali. Questo esercizio ci aiuterà a comprendere come la semiotica si applichi al linguaggio visuale digitale.

Conclusione

Il capitolo 9 ha esaminato come la fotografia e la semiotica si siano evolute nell'era digitale. La fotografia digitale, insieme ai social media e agli strumenti di manipolazione, hanno cambiato il modo in cui creiamo, condividiamo e interpretiamo le immagini. La semiotica continua a essere un'importante chiave di lettura nel complesso mondo della comunicazione visuale digitale. Nel capitolo successivo, esploreremo il ruolo della fotografia nella società e come essa influenzi e venga influenzata dal contesto sociale.

CAPITOLO 10

La fotografia e la società

Nel decimo capitolo (ce l'abbiamo quasi fatta tenete duro) del nostro libro sulla semiotica della fotografia, esamineremo il rapporto tra la fotografia e la società.

La fotografia ha un impatto significativo sulla nostra percezione del mondo e svolge un ruolo importante in una varietà di contesti sociali. Cercheremo di comprendere come la semiotica della fotografia influenzi il nostro modo di percepire il mondo e come essa sia applicata nella pubblicità, nell'editoria, nei media e nella documentazione storica.

Fotografia e realtà sociale

La fotografia, nel suo ruolo di testimone visivo, si è affermata come una potente narratrice della realtà sociale. La documentazione fotografica delle dinamiche sociali, degli eventi storici e delle varie sfaccettature della vita quotidiana rappresenta un'intersezione affascinante tra arte, comunicazione e sociologia. In questo contesto, la semiotica emerge come uno strumento fondamentale per interpretare e comprendere le complesse stratificazioni di significato nelle immagini che catturano la realtà sociale. La semiotica applicata alla documentazione sociale attraverso la fotografia si avventura nell'analisi dei segni e dei simboli presenti nelle immagini. Ogni dettaglio, dall'espressione di un volto al contesto circostante, diventa un segno che contribuisce a una narrazione più ampia. La scelta di determinati soggetti, l'uso della luce, la composizione dell'immagine e altri elementi visivi diventano il linguaggio attraverso cui la realtà sociale viene espressa e interpretata. Un aspetto cruciale è la consapevolezza che la realtà sociale catturata dalla fotografia non è neutra; è mediata dalla prospettiva dell'osservatore, che può essere il fotografo stesso o chiunque interagisca con l'immagine. La semiotica ci aiuta a riconoscere e analizzare le interpretazioni soggettive presenti nelle immagini, aprendo la porta a una comprensione più profonda delle dinamiche sociali rappresentate. Le fotografie documentarie possono fungere da ponte tra mondi distanti, portando alla luce realtà spesso trascurate o ignorate. Attraverso la semiotica, possiamo esplorare le stratificazioni di significato che si celano dietro le immagini, riconoscendo come i simboli visivi siano intrecciati con il contesto culturale, storico e sociale in cui sono nate. La semiotica nella fotografia documentaria sociale diventa uno strumento essenziale per decodificare e interpretare il linguaggio visivo che cattura la complessità della vita umana. Attraverso l'analisi semiotica, le fotografie diventano non solo testimonianze visive, ma anche veicoli di comprensione più profonda delle sfide, delle vittorie e delle diverse sfaccettature dell'esperienza sociale.

Fotografia e pubblicità

L'intreccio tra fotografia e pubblicità costituisce un terreno fertile per l'applicazione della semiotica, dove ogni immagine diventa un elemento di persuasione e comunicazione visiva. Nella selva di annunci pubblicitari che ci circonda quotidianamente, la semiotica della fotografia emerge come un potente strumento per decodificare le strategie visive che mirano a plasmare le nostre percezioni e influenzare i nostri comportamenti. Ogni elemento in un annuncio pubblicitario fotografico è attentamente selezionato per trasmettere messaggi specifici. La semiotica gioca un ruolo chiave nell'analisi dei segni e dei simboli presenti nell'immagine, rivelando come colori, composizione, espressioni facciali e ambientazioni contribuiscano a creare un contesto visivo ricco di significato. La semiotica aiuta a svelare come le immagini pubblicitarie non siano solo rappresentazioni visive di prodotti o servizi, ma narrano storie complesse e sottolineano aspirazioni, stili di vita e valori. Un'immagine di un prodotto non è solo una descrizione visiva; è un simbolo che si lega a concetti come status, successo o benessere. La semiotica ci guida nell'analisi di questi simboli, consentendoci di comprendere come vengono sfruttati per evocare emozioni e connessioni emotive. La scelta di modelli, ambientazioni e atmosfere visive contribuisce a creare un contesto che va al di là del prodotto stesso. Ad esempio, un'immagine di una famiglia felice può connettere il prodotto a valori come la felicità, l'amore e la stabilità. La semiotica ci aiuta a svelare queste associazioni, esplorando il significato sottostante agli elementi visivi. Inoltre, nel contesto della pubblicità digitale, la semiotica è chiamata a interpretare l'uso di filtri, ritocchi e manipolazioni digitali, riconoscendo come tali pratiche possano influenzare la percezione del pubblico. La semiotica della fotografia nell'ambito della pubblicità è uno strumento critico per svelare le tattiche visive utilizzate per persuadere e catturare l'attenzione del pubblico. Analizzare le immagini pubblicitarie attraverso questa lente ci offre una comprensione più profonda di come le strategie visive sono impiegate per plasmare desideri, aspirazioni e percezioni dei consumatori nel vasto mondo dell'economia visiva contemporanea.

Fotografia ed editoria

Nel connubio tra fotografia ed editoria, la semiotica emerge come un tassello cruciale nel processo di selezione e utilizzo delle immagini editoriali. In questo contesto, ogni fotografia non è semplicemente un'illustrazione accanto al testo, ma diventa un elemento visivo che amplifica e arricchisce la narrazione, aggiungendo un profondo strato di significato. La semiotica svolge un ruolo centrale nella scelta delle immagini editoriali, poiché queste devono essere in sintonia con il contenuto del testo e trasmettere in modo efficace il messaggio desiderato. Ogni elemento visivo, dai soggetti alle composizioni, è attentamente valutato per garantire una coerenza semantica con il contesto editoriale. Un aspetto chiave della semiotica nell'editoria fotografica è l'analisi del rapporto tra testo e immagine. La fotografia non è solo un'aggiunta estetica; è un compagno interpretativo del testo, offrendo un canale visivo che può arricchire, enfatizzare o persino contrastare le parole scritte. La scelta delle immagini deve essere intrinsecamente connessa con il messaggio che si intende trasmettere, creando un dialogo sinergico tra testo e fotografia. Inoltre, la semiotica si occupa della percezione culturale e sociale delle immagini editoriali. Ogni dettaglio, dalle pose dei soggetti ai contesti visivi, è intriso di simbolismo e significato che può variare a seconda del pubblico di destinazione. La consapevolezza di questi elementi consente agli editori di affinare il loro approccio visivo, garantendo che le immagini si connettano in modo profondo con la sensibilità e l'esperienza del lettore. Nel contesto dell'editoria digitale, la semiotica si estende anche all'analisi dell'impiego di gallerie fotografiche, slideshow e layout interattivi. L'esperienza visiva del lettore è plasmata dalla disposizione e dalla presentazione delle immagini, introducendo nuove sfide e opportunità per la semiotica. La semiotica nell'editoria fotografica è un'arte di bilanciare l'estetica con la sostanza, garantendo che ogni immagine contribuisca a una narrazione più ampia e coesa. Attraverso l'analisi semiotica delle immagini editoriali, ci immergiamo in un viaggio interpretativo che va al di là delle parole stampate, esplorando come il linguaggio visivo arricchisce e completa il racconto scritto nel mondo complesso dell'editoria contemporanea.

Fotografia e media

L'utilizzo della fotografia nei media, specialmente nei notiziari e nelle riviste, costituisce una forma potente di comunicazione visiva che è profondamente plasmata dalla semiotica. Ogni immagine selezionata e presentata in questo contesto è un segno visivo carico di significato e sottintesi, contribuendo a modellare la percezione dell'opinione pubblica e a fornire un contesto visivo alle storie raccontate. La semiotica nei media fotografici esplora la complessità dell'interpretazione visiva e la costruzione del significato attraverso le immagini. La scelta delle fotografie in un notiziario, ad esempio, è guidata dalla necessità di catturare l'essenza di un evento e di trasmettere informazioni chiave in un colpo d'occhio. La semiotica interviene nell'analisi degli elementi visivi come composizione, tonalità, prospettiva e gesti, rivelando come ciascun dettaglio contribuisca a una narrazione visiva più ampia. La semiotica nei media fotografici non riguarda solo la singola immagine, ma anche la successione di immagini all'interno di una storia o di una sequenza di notizie. La disposizione e l'ordine delle fotografie possono influenzare la percezione dell'utente, modulando il ritmo narrativo e sottolineando punti focali specifici. Questo gioco di sequenze visive è essenziale per creare un impatto emotivo e comunicare efficacemente storie complesse. Un aspetto cruciale è la consapevolezza della semiotica rispetto alle potenziali manipolazioni o strumentalizzazioni delle immagini nei media. L'analisi va oltre la superficie visiva, scrutando come la post-produzione, il ritaglio e la scelta selettiva delle immagini possono influenzare la percezione del pubblico e la comprensione degli eventi. Nel contesto digitale, la semiotica si estende anche all'analisi delle immagini virali e della loro diffusione attraverso i social media. La fotografia diventa un veicolo potente per la creazione di narrazioni visive partecipative e per la costruzione dell'opinione pubblica. In conclusione, la semiotica nei media fotografici è un ponte tra il linguaggio visivo e la narrativa giornalistica. Attraverso l'analisi semiotica, possiamo decifrare il modo in cui le immagini influenzano il modo in cui percepiamo il mondo, evidenziando la complessità dietro la selezione e la presentazione delle fotografie nei media e riconoscendo il loro impatto nella costruzione della nostra comprensione collettiva degli eventi.

Fotografia e documentazione storica

Attraverso l'obiettivo della macchina fotografica, la storia si concretizza in immagini che vanno ben oltre la semplice registrazione di momenti: sono finestre che ci permettono di scrutare il passato e di immergerci in epoche lontane. Nella fotografia storica, il linguaggio visivo diventa un potente strumento per narrare storie silenziose e trasmettere emozioni sospese nel tempo. L'analisi di queste immagini attraverso la lente della semiotica apre un varco affascinante nella comprensione delle dinamiche culturali, sociali e simboliche di epoche passate. Ogni fotografia storica è intrisa di significati impliciti, catturati in gesti, espressioni e dettagli che raccontano storie spesso non raccontate nei testi scritti. Le immagini documentano non solo gli eventi principali, ma anche gli aspetti quotidiani della vita. La scelta dei soggetti, degli sfondi e delle pose diventa una forma di linguaggio visivo che riflette le tendenze estetiche e i valori dell'epoca. Attraverso l'analisi semiotica, emergono connessioni tra la composizione delle fotografie e il contesto culturale che le ha generate. Un elemento chiave è l'interazione tra il fotografo e il soggetto, catturata nell'istantaneità di uno scatto. Le relazioni, le gerarchie sociali e le dinamiche di potere possono emergere dalla composizione di una fotografia, aggiungendo profondità alla comprensione di un periodo storico. Nel contesto dell'archiviazione digitale e dell'accessibilità delle fotografie storiche, la semiotica può guidare gli storici nel reinterpretare immagini con nuovi occhi. Una fotografia, analizzata attraverso una lente semiotica, diventa un portale che ci collega alle emozioni, alle aspirazioni e alle contraddizioni delle persone che hanno vissuto in tempi lontani. La fotografia storica, intrisa di storia e memoria, diventa un tesoro visivo che la semiotica ci aiuta a decifrare. Attraverso questo approccio interpretativo, le immagini diventano non solo documenti visivi, ma strumenti per esplorare la complessità della condizione umana nel corso del tempo, creando un ponte visivo tra il nostro presente e il passato che continua a plasmare la nostra identità collettiva.

Impatto sociale della fotografia

La fotografia, con la sua capacità di catturare istanti fugaci e narrare storie senza bisogno di parole, ha un impatto sociale che va oltre il semplice registro visivo. Questa forma d'arte visiva si è evoluta nel corso del tempo, diventando un mezzo potente per documentare, comunicare e ispirare cambiamenti nella società. Le fotografie diventano testimoni silenziosi di eventi storici, incapsulando momenti cruciali che definiscono epoche e generazioni. La forza evocativa di un'immagine può trasportarci direttamente in un passato lontano, connettendoci emotivamente a esperienze e traguardi umani. Un solo scatto può raccontare storie di sofferenza, resistenza, gioia o cambiamento sociale, diventando un ponte visivo tra il passato e il presente.

L'influenza della fotografia nell'opinione pubblica è innegabile. Le immagini iconiche hanno il potere di plasmare le percezioni e di guidare la comprensione collettiva di eventi contemporanei. Dai conflitti mondiali alle lotte per i diritti civili, le fotografie hanno svolto un ruolo chiave nel creare consapevolezza e nel mobilitare le masse verso cause sociali importanti. Oltre alla documentazione storica, la fotografia è diventata uno strumento cruciale nell'attivismo e nell'informazione. L'uso strategico delle immagini può amplificare le voci di coloro che cercano giustizia, diritti umani e cambiamenti sociali. L'impiego di fotografia nell'era digitale, condivisa rapidamente attraverso i social media, ha trasformato quest'arte in una leva per la mobilitazione e la consapevolezza globale. Tuttavia, dietro al potere della fotografia si celano sfide etiche. La manipolazione delle immagini, la selezione selettiva dei fotogrammi e la rappresentazione distorta della realtà possono generare disinformazione e influenzare le opinioni in modo non etico. La responsabilità nell'uso della fotografia diventa, quindi, un aspetto cruciale da considerare. La fotografia si manifesta come uno specchio della nostra storia, una forza visiva che plasma le nostre percezioni del mondo. Quest'arte non solo testimonia gli avvenimenti, ma guida e riflette il cambiamento sociale. Tuttavia, il suo potere va maneggiato con cura, richiedendo una consapevolezza etica per garantire che la verità e la giustizia siano sempre al centro della narrativa visiva che costruiamo nel tessuto della società.

Esercizio pratico: analisi di fotografie sociali e storiche

Nell'ambito dell'esercizio pratico di questo capitolo, analizzate diverse fotografie sociali e storiche, considerando il loro significato nel contesto della società. Questo esercizio vi aiuterà a comprendere come la semiotica sia applicata alla fotografia in contesti sociali e storici. Lo so sono ripetitivo nei capitoli di esercizio ma ritengo che i passaggi per l'approccio ed alla formazione debbano passare da metodi semplici ed alla portata di tutti.

Conclusione

Il capitolo 10 ha esplorato il ruolo cruciale della fotografia nella società e come la semiotica sia applicata in una varietà di contesti sociali. La fotografia gioca un ruolo significativo nella documentazione storica, nella pubblicità, nell'editoria, nei media e nell'attivismo sociale. Nel capitolo successivo, concluderemo il nostro viaggio nella semiotica della fotografia, riflettendo e traendo la "conclusione definitiva".

CAPITOLO 11

Conclusioni e pensieri

Il nostro viaggio attraverso la semiotica della fotografia si è rivelato un'immersione profonda nel linguaggio visivo, un percorso che ci ha condotto oltre la superficie delle immagini, svelando un universo di significati che danzano tra i pixel e si intrecciano in simboli visivi. La fotografia, come sostiene Barthes, è prima di tutto un atto di vedere, e in questo atto di osservazione si celano strati di significato che la semiotica ci aiuta a rivelare. Nel nostro approfondire la semiotica, ci siamo imbattuti nelle parole di Umberto Eco, che ci guida a considerare ogni immagine come un tessuto di stimoli e regole, un amalgama visivo che va oltre la mera registrazione della realtà. In questo intricato linguaggio visivo, la semiotica emerge come la chiave per interpretare i segni impressi nelle fotografie, rivelando il dialogo silenzioso tra l'osservatore e l'oggetto fotografato.La comunicazione visuale, nel contesto moderno, diviene un mezzo potente di espressione. Attraverso gli occhi di Susan Sontag, percepiamo la capacità delle fotografie di fermare il tempo, di catturare attimi e di trasformarli in frammenti di eternità. In questo scenario, riflettiamo su come le immagini plasmino la nostra comprensione del mondo, fungendo da finestre aperte su realtà complesse che sfuggono alle parole. Intrigante è anche l'aspetto della fotografia come testimonianza storica. Ogni scatto diventa un documento che trascende il tempo, non solo registrando eventi ma incapsulando il respiro quotidiano di un'epoca. Attraverso questa prospettiva, le fotografie si rivelano come cronisti silenziosi, narratori visivi che ci permettono di attraversare le epoche e di vivere la storia attraverso gli occhi di chi l'ha documentata. Le implicazioni sociali ed etiche della fotografia emergono come una sfida eterna. In un mondo in cui le immagini possono plasmare opinioni e guidare cambiamenti, ci interroghiamo sulla responsabilità che deriva dal manipolare questo potente linguaggio. Le sfide etiche si rivelano soprattutto in situazioni di crisi, richiedendo una riflessione profonda sul modo in cui gestiamo il potenziale impatto delle fotografie sulla società. La fotografia, considerata come forma d'arte, apre un mondo di espressione emotiva e concettuale. Ogni opera diventa un dipinto visivo, un'istanza di creatività che trascende la semplice rappresentazione della realtà. La semiotica si erge come bussola per interpretare queste opere, rivelando il linguaggio simbolico e la visione unica dietro ogni scatto artistico. Nel proiettare lo sguardo verso il futuro della semiotica della fotografia, ci troviamo di fronte a un orizzonte in costante evoluzione. Nell'era digitale, con la proliferazione incessante di immagini, la semiotica diventa una guida sempre più rilevante per interpretare le complesse narrative visive che caratterizzano il nostro mondo contemporaneo. La tecnologia digitale, con la sua ubiquità, ha trasformato la produzione, la condivisione e la fruizione delle fotografie, rendendole un elemento onnipresente nella nostra quotidianità. Guardando avanti, ci troviamo di fronte a un panorama in cui la semiotica si consolida come uno strumento fondamentale nell'analisi delle immagini. Con la crescente produzione di contenuti visivi, la semiotica ci offre una bussola per comprendere le complesse stratificazioni di significato e simbolismo che si celano dietro ogni fotografia digitale. Le fotografie, nella loro pluralità, diventano non solo frammenti di realtà catturati in un singolo scatto, ma tessere di un mosaico più ampio che compone la nostra narrazione visiva collettiva. In un mondo in cui l'immagine è spesso prioritaria rispetto al testo, la semiotica si rivela una guida preziosa per navigare attraverso la molteplicità di significati che si intrecciano nei visi, nelle forme e nei colori catturati dai sensori delle fotocamere digitali. Il nostro percorso attraverso la semiotica della fotografia si evolve come un viaggio senza fine, una continua scoperta che si rinnova di fronte alle sfide e alle opportunità della contemporaneità. Attraverso le parole di artisti, teorici e filosofi, abbiamo imparato a leggere le immagini come testi aperti, suscettibili di infinite interpretazioni. Ogni scatto, in questo vasto archivio visivo, diventa una finestra aperta su mondi passati, presenti e futuri. La semiotica ci invita a sfidare la semplice superficie visiva, a scavare nei dettagli e nelle connessioni simboliche che arricchiscono il significato delle fotografie. In un mondo in cui l'immagine è la lingua universale, la semiotica diventa il nostro alfabeto, consentendoci di decifrare il messaggio implicito di ogni immagine e di trarre significato dal mosaico visivo che compongono le nostre vite digitali.

Un piccolo saluto…

Mentre concludiamo il nostro esplorare della semiotica della fotografia, voglio offrirti un invito sincero alla riflessione, un momento per ponderare sulle intricanti sfumature visive che abbiamo esplorato insieme. La semiotica, come chiave interpretativa, ci ha guidato attraverso un territorio inesplorato di simboli e significati che danno vita alle immagini che ci circondano. Spero che questo viaggio abbia agitato la tua curiosità e stimolato il tuo pensiero critico, aprendoti a una nuova prospettiva sulla fotografia come linguaggio visivo. Comprendere la semiotica della fotografia non è solo un esercizio teorico, ma un faro pratico per interpretare il vasto paesaggio visivo che ci circonda. Vorrei esprimere il mio più profondo ringraziamento per essere stato compagno di viaggio in questa esplorazione. Ogni immagine analizzata insieme è stata una finestra aperta su mondi di significato, e spero che tu abbia tratto ispirazione nel leggere e interpretare le fotografie in modo più intenso. Se senti il desiderio di approfondire ulteriormente il mondo affascinante della semiotica fotografica o di condividere le tue riflessioni, ti invito a contattarmi. Le tue esperienze e il tuo punto di vista sono fondamentali per arricchire questa conversazione in corso sulla comunicazione visiva. Puoi scrivermi a educazionevisiva.scuola@gmail.com; sarebbe un piacere continuare questa discussione con te. Le opinioni condivise rappresentano il tessuto connettivo che unisce le menti in una danza armoniosa di pensieri. In un mondo in cui la diversità di prospettive è una ricchezza, trovare punti di incontro e visioni comuni è come tessere un delicato intreccio di comprensione reciproca.

In chiusura, spero che questo percorso attraverso la semiotica della fotografia abbia aperto nuovi orizzonti nella tua comprensione del potere delle immagini. Che questa non sia una fine, ma piuttosto l'inizio di una lunga avventura nella quale continueremo a esplorare e a scoprire insieme il linguaggio universale delle immagini che ci circondano quotidianamente.

Grazie per aver condiviso questo viaggio con me.

Fabrizio Iamundo – Fays - @faysart

...ma non avevi già finito prima???

Si é vero! Ma ho ancora qualcosa da dire...(mi è venuta in mente dopo)

Concludo questo libro con un profondo e sentito ringraziamento a coloro che hanno reso possibile questo viaggio. Lucia, mia figlia, sei la mia fonte di ispirazione infinita. La tua passione per me ha dato vita a questo progetto, e la tua presenza ha illuminato ogni pagina con amore e significato.

A Daniela, la mia compagna straordinaria, va un ringraziamento speciale. E' bastato chiacchierare con te...

Matteo, quando ci sei, la tua presenza è fondamentale. Grazie per essere stato un pilastro su cui contare, un compagno affidabile in questo viaggio attraverso le parole e le immagini. La tua partecipazione ha aggiunto valore e profondità.

A Pikkio, un amico prezioso che crede in me e nella mia visione, va un grazie speciale. La tua fiducia è stata una spinta motivazionale che ha alimentato la determinazione di portare avanti questo progetto. La tua fede nella mia capacità ha rende ogni sfida più facile da affrontare.

In chiusura, vorrei dedicare queste parole a voi, i pilastri che hanno sostenuto il mio cammino. Questo libro è frutto del vostro supporto, della vostra fiducia e dell'amore condiviso. Che ogni pagina sia un riflesso di questa gratitudine, e che il suo significato si diffonda come un abbraccio di ringraziamento

Il viaggio può essere lungo e impegnativo, ma con alleati come voi, ogni passo diventa un'esperienza arricchente. Grazie per aver creduto in me, per aver condiviso questa avventura e per aver reso speciale ogni pagina di questo libro. Con affetto e gratitudine, chiudo questo capitolo sperando che le vostre impronte restino indelebili in questa storia. Ricordati di regalare questo libro a tutte quelle persone che amano la fotografia e ne fanno ogni giorno una ragione di vita.

Il libro è finito.

PROGETTO DI EDUCAZIONE VISIVA